www.ingramcontent.com/pod-product-compliance
Lightning Source LLC
Chambersburg PA
CBHW061703160426
42811CB00090BB/1031
* 9 7 8 0 6 4 8 4 4 7 4 2 9 *

بِسْمِ اللهِ الرَّحْمَنِ الرَّحِيْمِ

عائشة

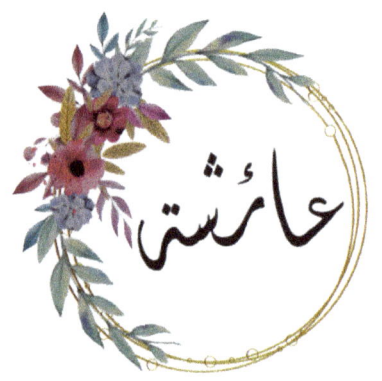

يَوْمِيَّاتُ عَائِشَةَ

الرَّسْمُ وَالتَّأْلِيفُ: عَائِشَة غَادَة كَنْعَان

التَّدْقِيقُ اللُّغَوِيُّ: كَنْعَان كَنْعَان

سَاهَمَ فِي التَّصْمِيمِ الدَّاخِلِيّ: أَمَانْدَا رِيْنُولْدز ومُونِكَا تُوسْكَاس
(Amanda Reynolds & Monica Toskas)

النَّاشِر: كَنْعَان كَنْعَان (Kanaan Kanaan)

يَوْمِيَّاتُ عَائِشَة

بِقَلَمِ عَائِشَة غَادَة كَنْعَان

جَمِيعُ الْحُقُوقِ مَحفُوظَةٌ لِلنَّاشِرِ
الطَّبْعَةُ الأُولَى
١٤٤٣ه‍ - ٢٠٢١م

A catalogue record for this book is available from the National Library of Australia

يُوجَدُ نَسْخَةٌ مِنْ هَذَا الْكِتَابِ فِي الْمَكْتَبَةِ الْوَطَنِيَّةِ بِأُسْتُرَالْيَا
الرَّقَمُ الدَّوْلِيُّ الْمُتَسَلْسِلُ لِلْكِتَابِ (ردمك):
978-0-6484474-2-9
الرَّقَمُ الدَّوْلِيُّ الْمُتَسَلْسِلُ لِلْكِتَابِ الْإِلِكْتْرُونِيّ (ردمك):
978-0-6484474-4-3

فِي الصَّبَاحِ

أَنْهَضُ مِنَ السَّرِيرِ فِي السَّاعَةِ السَّابِعَةِ وَآخُذُ حَمَّاماً

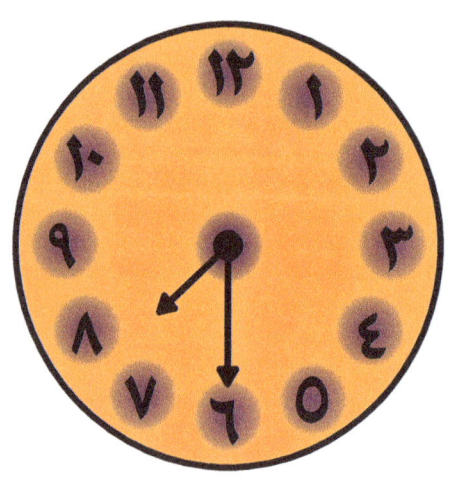

ثُمَّ أَرْتَدِي اللِّبَاسَ الْمَدْرَسِيَّ فِي السَّاعَةِ السَّابِعَةِ وَالنِّصْفِ

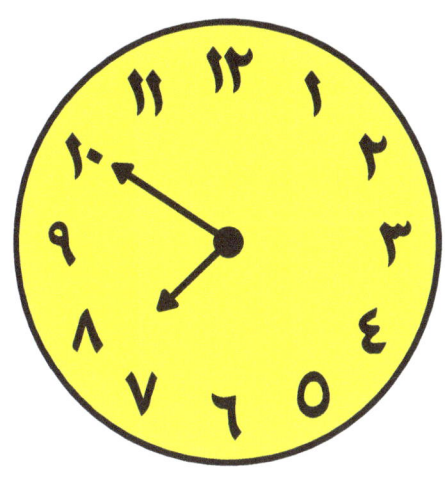

آكَلُ الإفْطَارَ فِي السَّاعَةِ الثَّامِنَةِ إِلَّا عَشْرَ دَقَائِقَ

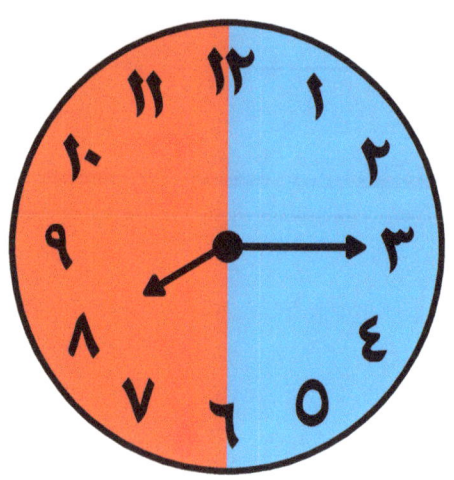

ثُمَّ أَذْهَبُ إِلَى الْمَدْرَسَةِ بِالسَّيَّارَةِ وَأَصِلُ فِي السَّاعَةِ الثَّامِنَةِ وَالرُّبُعِ

فِي السَّاعَةِ التَّاسِعَةِ إِلَّا خَمْسَ دَقَائِقَ أَكُوْنُ فِي الْحِصَّةِ الدِّرَاسِيَّةِ الْأُوْلَى

كُلِّيَّة دَارِ الْعُلُوْمِ فِي فِكْتُوْرِيَا

بَعْدَ الظُّهْرِ

أَدْرُسُ وَأَلْعَبُ مَعَ صَدِيْقَاتِي حَتَّى السَّاعَةِ الثَّالِثَةِ وَالنِّصْفِ

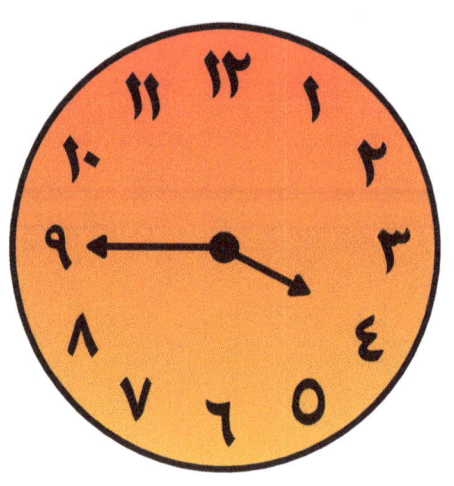

ثُمَّ أَخْرُجُ مِنَ الْمَدْرَسَةِ وَأَصِلُ إِلَى بَيْتِي فِي السَّاعَةِ الرَّابِعَةِ إِلَّا الرُّبُعِ

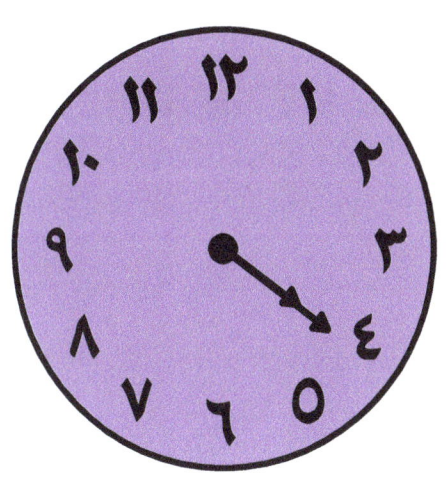

ثُمَّ آكَلُ الْعَشَاءَ فِي السَّاعَةِ الرَّابِعَةِ وَعِشْرِيْنَ دَقِيقَةٍ

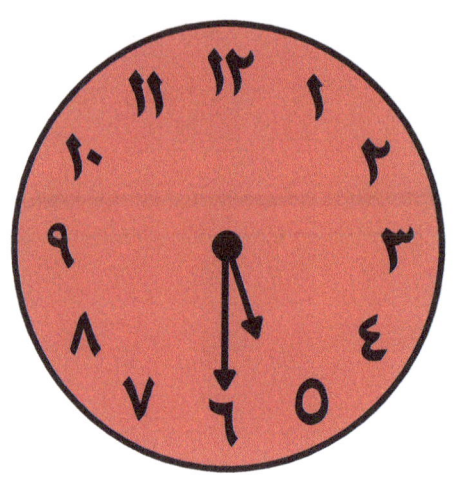

بَعْدَ ذَلِكَ أُصَلِّي الْعَصْرَ فِي السَّاعَةِ الْخَامِسَةِ وَالنِّصْفِ

فِي الْمَسَاءِ

أَكْتُبُ دُرُوسِي فِي السَّاعَةِ السَّادِسَةِ إِلَّا الثُّلْثِ

ثُمَّ أَشْرَبُ الشَّايَ، مَعَ الْكَعْكِ، فِي السَّاعَةِ السَّابِعَةِ

أَقْرَأُ وَأَحْفَظُ الْقُرْآنَ فِي السَّاعَةِ السَّابِعَةِ وَالنِّصْفِ

ثُمَّ أُصَلِّي الْمَغْرِبَ فِي السَّاعَةِ الثَّامِنَةِ وَالنِّصْفِ

فِي اللَّيْلِ

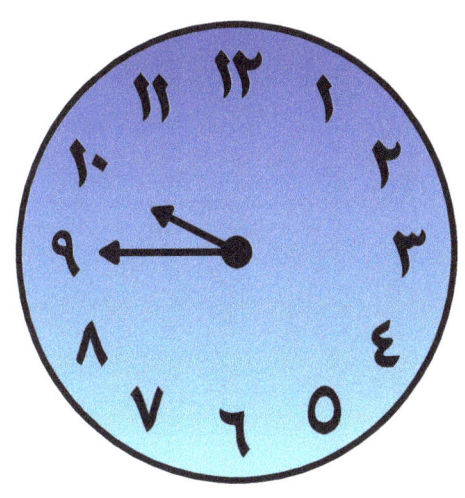

أُصَلِّي الْعِشَاءَ فِي السَّاعَةِ الْعَاشِرَةِ إِلَّا الرُّبُعِ

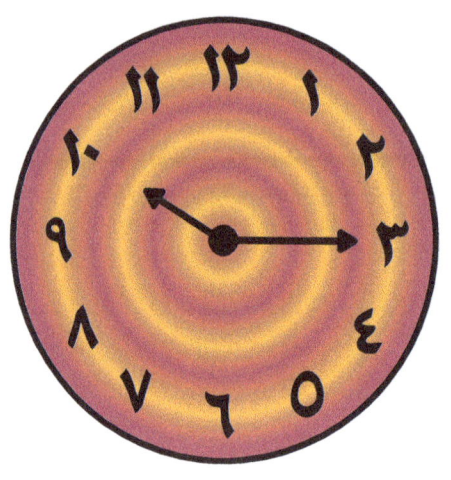

ثُمَّ أَقْرَأُ الدُّعَاءَ وَأَنَامُ فِي السَّاعَةِ الْعَاشِرَةِ وَالرُّبُعِ

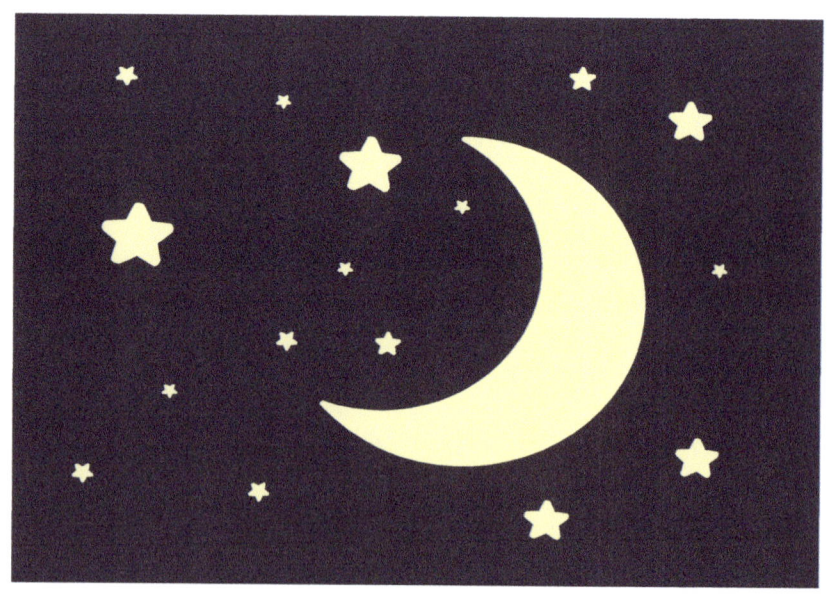

تَمَّ بِفَضْلِ اللهِ

عائشة

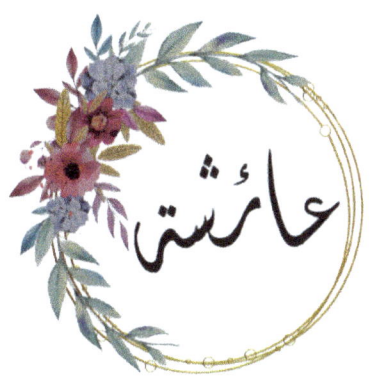